Eckhard Hagedorn

Unter einer Decke

arteMedia
FRANCKE
vlm

Eckhard Hagedorn

Unter einer Decke

Von Bibeln und ihren Menschen

arteMedia

Die Deutsche Bibliothek – CIP-Einheitsaufnahme

Hagedorn, Eckhard:
Unter einer Decke
Von Bibeln und ihren Menschen
arteMedia
ISBN 3-905290-34-0

Die Buchreihe ***imitatio*** wird von Heinzpeter Hempelmann, Klaus Meiss und Victor Winteler herausgegeben. ***imitatio*** erscheint als Gemeinschaftsproduktion des Verlages arteMedia in Birsfelden (CH), des Verlages der Francke-Buchhandlung in Marburg a. L. (D) und des Verlages der Liebenzeller Mission in Bad Liebenzell (D).

ISBN 3-905290-34-0

www.arte-media.ch
www.litpub.ch
Umschlaggestaltung: Victor Winteler
Druck: St. Johannis-Druckerei, 77922 Lahr
Printed in Germany

Inhalt

Vorwort 9

Achtunddreißig Quadratzentimeter Lebensraum 11

Unbekanntes Flugobjekt 20

Zusammenhalt 24

Fehlstart 27

Moses = Hitler? 32

Unter einer Decke 42

Ring-Buch 47

Papier ist geduldig 49

Groschenware 53

Herzliche Teilnahme 57

Bibelkritik 65

Mängelexemplar 69

Detektivarbeit 72

Nachwort 79

Für
Alexander, Andreas, Christian,
Eliane, Esther, Falk, Miriam,
Patrick, Reni und Sandra

Vorwort

Was geschieht, wenn ein Autor Alltäglichkeiten beschreibt und darin Gott entdeckt? Es wird ein Buch, in dem man Gottes und des Menschen Herz schlagen hört! Das Herz hat Buchstaben, Worte und Sätze gefunden. Worte, die es auf den Punkt bringen. Manchmal ist es eher ein Doppelpunkt, der zum Nachdenken anreizt. Kein Bazar mit viel »Handgestricktem« und Außergewöhnlichem, was dann nach einem Platz im Leben sucht. Hier begegnen uns Geschichten – handfest, bodenständig und geerdet. Theologie – denn christlicher Glaube ist immer auf konkretes Leben bezogen – in ungewöhnlicher Form mit großer Bodenhaftung! Spritzig, witzig – Ereignisse des Alltags »von innen« betrachtet. Eben Worte, die nicht im Gegensatz zu dem einen Wort Gottes stehen, sondern darin beheimatet sind und immer wieder darin münden.

Eckhard Hagedorn, Pfarrer, begeisterter theologischer Lehrer und Familienvater, Hunde- und Fahrradfreund fängt da an, wo andere längst aufgehört haben ... mit Erzählen, mit Denken, mit Verstehen. Und genau das ist es, was dieses Büchlein so spannend macht.

»Ich las meinen eigenen Lebenslauf beim Lesen des Wortes« (Johann Georg Hamann über die Bibel) – so erging es mir an manchen Stellen beim Lesen der Geschichten.

Gott, ein Schriftsteller, der durch seine Worte »staunende Nachbeben« bei uns hervorruft. Eine echt gelungene Liebeserklärung an die Bibel, die mich reizt, mich der »Erstausgabe« Gottes noch intensiver zuzuwenden.

Irmgard Schaffenberger

Achtunddreißig Quadratzentimeter Lebensraum

Um halb zwei Uhr in der Nacht aufstehen ist nicht jedermanns Sache, deine auch nicht. Aber es ist Urlaub, und die Freunde haben gesagt, so früh muss man eben auf, wenn man bei Sonnenaufgang am Gletscher sein will.

Zum »Frühstück« gibt es Kakao – du magst keinen, aber weil es nichts anderes gibt, trinkst du ihn trotzdem. Was du den Tag über brauchen wirst, ist schnell im Rucksack verstaut. Los geht's!

Die Freunde spötteln, als sie die Taschenlampe in deiner Hand sehen. Natürlich stolperst du immer wieder, jetzt, wo es noch so dunkel ist; aber schließlich ist es ja noch ein ausgetretener Weg und Absturzgefahr ein Fremdwort. Bald siehst du selbst ein, dass die Taschenlampe überflüssig ist. Du steckst sie weg, deine Augen haben sich an die Dunkelheit gewöhnt, dein Körper hat inzwischen die nötige Betriebstemperatur erreicht. Jetzt freust du dich auf den Tag, der bald kommen wird.

Es ist schon nach fünf, als du am Gletscher ankommst. Ja, es ist schön hier, aber eigentlich willst du weiter, nach oben, dahin, wo man die Welt eben anders sieht als von unten.

Die nächsten neunhundert Meter dauern länger als die dreizehn Kilometer zuvor. Es wird steiler als dir lieb ist. Beruhigend, dass du mal gehört hast, auf einem Grat könne es keinen Steinschlag geben. Je nach Beschaffenheit des Geländes kriechst oder turnst du mal auf der einen, mal auf der anderen Seite dessen herum, was du eben in deinen Gedanken etwas übertreibend »Grat« genannt hast.

Aber lass sie ruhig ihre Witze machen, die Bergerfahrenen, die »Bonsai-Messner«, wie du sie heimlich titulierst, wenn sie nach dir schauen und großzügig fragen, ob sie dir ein Taxi kommen lassen sollen.

Gegen neun Uhr ein paar kalte Platten, aber nicht die, die du von Stehempfängen kennst, sondern solche, deren Neigung du dauernd mit allen dir vertrauten Hausdächern vergleichst und jedes Mal feststellst: Wenn ich jetzt ins

Rutschen komme, dann ... Du siehst dich schon leblos zweihundert Meter tiefer liegen, da holt dich das Gelächter der Freunde in die nicht ganz so schlimme Wirklichkeit zurück. Soeben ist ein Foto von dir entstanden; es wird noch manche zum Lachen bringen. Vermutlich wird dann von der »Grazie eines Nilpferdes« die Rede sein oder sie werden dir empfehlen, bei der Rettungsflugwacht Mitglied zu werden. Während du noch überlegst, ob das alpine Pendant zu »Schiffbrüchiger« »Bergbrüchiger« heißt oder doch ..., siehst du, wie gegenüber – wohl nur zwei, drei Kilometer Luftlinie, aber doch Stunden entfernt – zwei Alpinisten am Seil hängen. Aber sie hängen gar nicht; sie kommen schneller vorwärts als du. Lass sie doch. Du jedenfalls bist froh. Du hast gerade den richtigen Berg gewählt: zu schwierig für die normalen Spaziergänger, völlig belanglos für die »richtigen Bergsteiger«. Du hast viel zu sehen, und eigentlich ist die Nähe der Freunde eine große Beruhigung, trotz der Sprüche, mit denen sie sich auf deine Kosten amüsieren.

Noch keine zehn Uhr, und du stehst auf dem Gipfel. Jetzt bist du ganz wie die anderen, denn so weit in die Ferne blicken wie sie kannst du auch. Und du siehst mehr, als du je gesehen hast und meinst sie mit einem Mal alle zu verstehen, diese Bergverrückten.

Aber müde bist du, und während die Freunde noch weiterklettern, erst ein Stück abwärts, dann einen zweiten Grat entlang – in spätestens drei Stunden holen sie dich ja wieder ab. Da fällt dir ein, dass du das Alpenpanorama ja auch im Sitzen genießen kannst. Aus dem Sitzen wird mittels eines zusammengerollten Pullovers eine beachtliche Schräglage, und dann muss daraus wohl ein Liegen geworden sein ...

Als du wach wirst und auf die Uhr schaust, ist noch eine gute Weile Zeit. Weit und breit keine Menschenseele. Du machst den Rucksack auf – imponierend, diese neumodischen Schnellverschlüsse! – und kramst zwischen Ersatzsocken und Heftpflaster nach deinem kleinen blauen Taschentestament, das du schon oft zum Wandern mitgenommen hast, weil es so schön klein ist, nicht mal zweihundert Gramm wiegt und außerdem noch die Psalmen enthält. So weit oben wie heute war es freilich auch noch nicht. Jetzt ist aus dem »Mittelgebirgstestament« ein hochalpines Testament geworden.

Du blätterst ein wenig, überfliegst ein paar Psalmen und verweilst schließlich bei Psalm 131. »Unten« hast du ihn schon oft gelesen.

Herr, mein Herz ist nicht hoffärtig,
und meine Augen sind nicht stolz.
Ich gehe nicht um mit großen Dingen,
die mir zu wunderbar sind.
Fürwahr, meine Seele ist still und ruhig geworden
wie ein kleines Kind bei seiner Mutter;
wie ein kleines Kind,
so ist meine Seele in mir.
Israel, hoffe auf den Herrn
Von nun an bis in Ewigkeit! (Luther 1956)

Dir fallen Bilder ein. Ein kleines Kind bei seiner Mutter ... Eigene Erinnerungen. Mit das Erste, woran du dich erinnern kannst.

Du hast auch Kriegsgeschichten gehört – glücklicherweise warst du damals noch nicht geboren – kleine Kinder im Luftschutzkeller, schlafend bei der Mutter auf dem Schoß, als wenn nichts wäre, wo doch wenige Meter entfernt Bomben fallen.

Gestillte Kinder – im ersten Lebensjahr ist es noch klar, was das ist. Aber später, dann ist das Gestilltsein nicht mehr nur die Frage, ob Muttermilch oder Babynahrung aus der Flasche. Gilt dann nicht eher: Meine Seele ist wie ein kleines Kind, das im Kaufhausgedränge seine Mutter verloren hat. Es will sich nicht trösten lassen, egal, was du auch versuchst. Da kann nur die Mutter helfen.

Ist das das Normale, bei den Großen, bei dir? Wer stillt die Erwachsenen?

Müßte man neue Psalmen dichten, Konfliktpsalmen, Unruhepsalmen?:

Meiner Seele geht es wie dem Meer bei Windstärke zwölf ...

Meiner Seele geht es wie den Blättern im Herbststurm ...

Aber Unruhepsalmen, Konfliktpsalmen gibt es in deinem Büchlein auch schon. Zum Beispiel Palm 130, nur wenige Zentimeter entfernt: »Aus der Tiefe rufe ich, Herr, zu dir.«

Immer wieder schaust du auf von deinem Psalm, siehst Fels, Schnee, Eis. Es ist wärmer geworden, aber die gute Sicht wird wohl noch eine Weile anhalten. Ganz dahinten, das müsste das Weißhorn sein, und hier, fast zum Greifen nahe, das Große Aletschhorn.

Wenn du einem Kind erklären müsstest, was ein »Panorama« ist, du würdest es am liebsten hier oben tun. Panorama – die Sicht aufs Ganze, der Blick, der alles erfasst ...

Und schon bist du wieder bei deinem Psalm und seinen vielen Geschwistern. 150 Psalmen

– das ist noch mal in ganz anderer Weise ein Panorama. Ein Panorama des Lebens mit seinen Höhen und Tiefen, Herzlichkeit und Widerstand, Geborgenheit und letztes Ausgesetztsein, überbordende Hoffnung und zitterndes »Wie lange noch?«.

Der hatte wohl recht, der einmal schrieb, das Gebet sei der Ernstfall des Lebens. Du weißt nicht mehr, wer es war, aber so ist es.

»Herr, mein Herz ist nicht hoffärtig ...«
Da hat einer sein Maß gefunden, im Ernstfall des Lebens, im Gespräch mit Gott.

Er sagt ein starkes Ja zu Gott und ein deutliches, mehrfaches Nein.

Nein, ich will mich nicht länger auf Gottes Kosten profilieren, selber der Atlas sein, der das Weltgebäude auf seinen Schultern trägt, oder ein Prometheus, der den Göttern das Feuer abtrotzt. Der entscheidende Beitrag zum Menschsein ist nicht das, was man Gott stiehlt.

Aber dieser betende Mensch scheint auch nicht einfach das müde Gegenteil zu meinen. Er wählt nicht statt Trotz die Resignation. Die Augen, die nicht stolz sind, sehen eine große Hoffnung.

Hier lernt einer, unter Gottes Augen Mensch zu sein. Ja, das ist es: das stille Abenteuer, unter Gottes Augen Mensch sein zu lernen. Mit dem eigenen Herzen Gottes Herz nahe sein statt sich als Dauerrevoluzzer gegen seine Güte zu verbarrikadieren oder eben die müde Bescheidenheit zu leben, die nun wirklich keine Zier ist.

Beten – gestillt werden – Hoffnung bekommen.

Wo du mit Gott sprichst, kommen die Dinge auf den Punkt.

Die mehr als zweitausend Jahre Abstand zu dem Tag, an dem dieser Psalm zum ersten Mal gebetet worden ist, stören dich nicht. Im Gegenteil.

Eigentlich schade, dass auf diesem Berg kein Gipfelkreuz steht. Es wäre passend, irgendwie sachlich, der Wirklichkeit entsprechend.

Du packst dein »Neues Testament und Psalmen« wieder ein, schaust noch eine Weile. Es ist wunderschön hier oben. Du weißt jetzt schon, dass du wieder runter musst, dahin, wo es nicht so übersichtlich ist wie hier oben. Das ist in Ordnung so.

Das blaue Büchlein, das sich da unten bestens auskennt, geht mit. Du willst dem Alltag sein Gewicht und seine Würde lassen, weil deine Seele still geworden ist wie ein kleines

Kind bei seiner Mutter und gleichzeitig – das gibt's! – randvoll mit Hoffnung.

Zu Hause packst du den Rucksack aus. Die Socken in die Waschmaschine, die Trinkflasche zum Ausspülen in die Küche, die Wanderkarte zu den anderen: Schwarzwald, Bodensee, Schwäbische Alb ...

Als du das Testament in der Hand hast, schlägst du noch mal den Psalm auf, und du tust etwas, was du noch nie getan hast: Du holst ein Lineal und misst ihn nach, kommst auf achtunddreißig Quadratzentimeter. Ein Nichts gegen die sieben bis acht Quadratkilometer Gletscher, die sich gestern deinem Blick boten, achthundert Meter unter dir.

Aber ein Lebensraum von unermesslicher Weite. Achtunddreißig Quadratzentimeter Gottesnähe.

Unbekanntes Flugobjekt

»Außerdem braucht ihr eine Zürcher Bibel. Kauft sie euch bitte bis nächste Woche.« Die Religionslehrerin war noch neu in der fünften Klasse, und irgendwie musste sie ernsthaft damit gerechnet haben, dass ihre Schüler die Bibel nicht nur anschaffen, sondern damit arbeiten würden. Da hatte sie falsch gerechnet. – Die Bibeln wurden gekauft und auch zum Unterricht mitgebracht, ab und zu auf Befehl der Lehrerin benutzt, aber das war's auch schon.

In den Pausen ging es freilich hoch her, wie es eben in Pausen zu gehen pflegt. Man blödelte herum und man balgte sich miteinander, und eines nicht so guten Tages war es dann passiert. Einer der Schüler entdeckte: Man kann die Bibel als Wurfgeschoss gebrauchen. Sie hat bessere Flugeigenschaften als das flachere Mathebuch, und dank ihres höheren Gewichtes ist die Trefferwirkung auch wesentlich besser. Wen wunderte es, dass man der Bibel ihre Zweckentfremdung schließlich ansah.

Schließlich tat das Schuljahr, was Schuljahre an ihrem Ende glücklicherweise immer zu tun pflegen: Es hörte auf. Und nach den großen Ferien war die Religionslehrerin nicht mehr in dieser Klasse eingeteilt; ihr Nachfolger legte mehr wert auf Diskussion als auf Bibellektüre, und die Bibeln blieben zu Hause.

Bei einem der Schüler hatte die Sache noch ein künstlerisches Nachspiel. Irgendwo zu Hause hatte er die Bibel liegen gelassen, und dann war der zweijährige Bruder gekommen und hatte darin herumgeblättert. Und weil der zweijährige Bruder gerade mit einem Kugelschreiber bewaffnet war, zierten bald einige Schreibübungen die Seite drei, ausgerechnet die Seite, wo der Sündenfall berichtet wird. Der Satz »und sie hefteten Feigenblätter zusammen und machten sich Schurze« (1. Mose 3,7) war am stärksten betroffen.

Dann verschwand die Bibel. Wer wollte nachträglich sagen, ob die Mutter sie beiseite geräumt hatte oder der Schüler selber? Jedenfalls blieb sie ein paar Jahre verschwunden, von niemandem vermisst.

Sechs Jahre später hatte der Schüler auf mancherlei Umwegen den Weg zum christlichen Glauben gefunden; er hatte begonnen, sich in der kirchlichen Jugendarbeit zu engagieren; die Bibel war ihm zum Lebensbuch geworden, freilich eine andere als das unbekannte Flugobjekt aus Klasse Fünf. Es dauerte aber noch zwei Jahre, bis sich diese lädierte Schulbibel zufällig auf dem Speicher wiederfand. Diesmal tat ihr Anblick weh.

In den folgenden Monaten blieb es nicht beim Anblick von außen. Es kam zu immer neuem Einblick von innen; der Bibel geschah, was ihr noch nie geschehen war: sie wurde eifrig gelesen, und auch ganz freiwillig. Und so machte die alte Schulbibel verspätet Karriere. Eines guten Tages wurde sie zum Buchbinder gebracht und neu eingebunden, man höre und staune: in Leder, und sie bekam sogar drei hübsche Lesebändchen zu künftigem Gebrauch.

Hineingeschrieben wurde auch wieder, diesmal jedoch nicht von einem malwütigen Kleinkind. Auch waren es keine Krakeleien, sondern Unterstreichungen an Stellen, wo Gott der Herr besonders deutlich zu diesem Bibelleser gesprochen hatte, und Stichworte am Rand, die festhalten wollten, was beim stillen Nachdenken deutlich geworden war.

Die Bibel – ein unbekanntes Flugobjekt?

Misshandelt, weil man sie nicht kennt?

Unachtsam behandelt, weil man jung ist oder niemanden hat, der einem dieses Buch nahe bringt?

Die Geschichte der Bibel ist eine Märtyrergeschichte mit vielen Variationen. Aber das ist, wie man sieht, nicht das letzte Wort in dieser Sache.

Zusammenhalt

Erst nach dem Tod seiner Frau hatte er Kochen gelernt. Nicht aus Begeisterung; aber er wollte sich selbst versorgen können, und als Rentner hatte er Zeit genug.

Kurz vor 1900 geboren, war er nach der Schulzeit Schreiner geworden und hatte es auch bleiben wollen. Aber ein paar Jahre nach dem Ende des Ersten Weltkrieges gab es in seiner Firma nicht mehr genug Arbeit. Er wechselte zum Sägewerk im Nachbarort. Irgendwann war dann der unglückliche Tag gekommen, als die rechte Hand in die Säge geriet.

Nach und nach lernte er, mit seinen verkrüppelten Fingern einigermaßen zurechtzukommen. Einen Vorteil hatte das Malheur schließlich doch: Nach 1939, als mancher Kollege mit gesunden Händen fort musste in den Krieg, konnte er bei seiner Familie bleiben.

Drei der fünf Kinder waren verheiratet und das Rentenalter schon fast in Sicht, als er es sich leisten konnte, ein bescheidenes Häuschen zu bauen. Bald nach der Goldenen Hochzeit starb seine Frau. Zum Glück war er nicht ganz allein. Die Kinder wohnten am selben Ort, und die Enkel hatten ihn gern.

Kurz vor dem Abitur zog einer der Enkel für eine Woche bei ihm ein – »damit ich meine Ruhe hab, und außerdem kannst du gut kochen«.

Jeden Mittag nach dem Essen dann die gleiche Prozedur: Der Großvater ging zum Küchenschrank, öffnete die linke Tür und holte seine Bibel aus dem unteren Fach. Ein dickes, früher einmal in dunkelbraunes Leder gebundenes Buch, inzwischen fast schon kein Buch mehr; denn längst hatte sich der fleckige, abgegriffene Einband vom Buchblock gelöst, der Buchrücken war gebrochen, manche Seite eingerissen.

Nie schien der alte Mann auf den Gedanken gekommen zu sein, sich eine neue Bibel zu besorgen. Irgendwann einmal hatte er ein breites rotes Gummiband aus der Schublade genommen. Das hielt nun das Ganze notdürftig zusammen und wurde alle paar Jahre durch ein neues ersetzt.

Er schloss die Schranktür, setzte sich an den Küchentisch, puhlte mit seinem verkrüppelten, fast dreieckigen Daumennagel den Gummi weg und suchte die Seite, an der er tags zuvor aufgehört hatte zu lesen. Die Minuten danach waren für ihn die wichtigsten des Tages. In der Bibel zu lesen gehörte zu seinem Leben wie das Mittagessen, und er ließ sich in seiner Gewohnheit auch durch die Anwesenheit des Enkels nicht beirren. Das erste »Jahr mit der Bibel« 1992 hat er nicht mehr erlebt. Aber was mit dem jüngsten »Jahr mit der Bibel« 2003 erreicht werden sollte, war bei ihm längst Wirklichkeit geworden.

Die Bibel: Das Buch, das die Regelmäßigkeit will. Das man sich nicht eben so mal in ein paar Tagen aneignen kann. Das das Leben mit seinem Auf und Ab zusammenhalten kann.

Fehlstart

Wenn man, wie viel einer vorhat, an dem abliest, was er an Vorbereitungen unternimmt, es zu erreichen, dann hatte Wilfried Mersheimer viel vor.

Er rüstete seine Bibel aus, wie einer ein Fahrrad bepackt, mit dem er eine lange Tour unternehmen will.

Seine Bibel, das war eine selbst ausgesuchte, von der Patentante finanzierte Lutherbibel mit buntem Umschlag – Pardon, es muss natürlich »Cover« heißen. Eine noch bunter gestaltete Hülle mit Reißverschluss versprach, die Haltbarkeit der Bibel zu erhöhen. Vierzehn Euro hatte die später dazu gekaufte Zusatzausrüstung gekostet: einige Farbstifte, mit denen man auf Dünndruckpapier schreiben und Texte unterstreichen konnte, ohne dass man es auf der Rückseite gleich sieht und ein Griffregister, mit dessen Hilfe man sehr schnell jedes der sechsundsechzig biblischen Bücher aufschlagen konnte. Wilfried Mersheimer hatte das Register bei einem Freund aus dem Jugendkreis gesehen und die spendierfreudige Patentante dezent auf Vorteile und Unverzichtbarkeit eines solchen Registers hingewiesen. Kaum zu Hause, hatte Wilfried sich auch schon die Mühe gemacht, die sechsundsechzig kleinen Klebeschildchen vorsichtig an die richtigen Stellen zu kleben, hatte dabei auf genau gleichen Abstand der Schildchen zueinander geachtet und war am Ende mit dem Erfolg recht zufrieden gewesen. Nun brauchte er sich nicht mehr mühsam die im Konfirmandenunterricht gelernte Reihenfolge der biblischen Bücher vorzusagen, bis er den Propheten Jeremia direkt nach Jesaja finden konnte oder den zweiten Korintherbrief vor dem an die Galater. Ein Griff, und er hatte die richtige Stelle aufgeschlagen. – Tante Friederike sah das Ergebnis mit Wohlgefallen und reiste vier Tage später wieder ab.

Wer will es Wilfried Mersheimer verdenken, dass er beim Anblick der Bibel auf seinem Tisch einen gewissen Besitzerstolz fühlte und er sie zwei Tage dort liegen ließ und immer wieder nach ihr schaute? Doch dann war sie bei den Schularbeiten im Weg. Er stellte sie ins

Regal. Ihren bunten Rücken sah er so auch, und das Sprichwort »Ein schöner Rücken kann auch entzücken« bewahrheitete sich einmal mehr.

In der darauffolgenden Woche nahm er sie noch einmal zur Hand, schlug seinen Konfirmationsspruch auf und unterstrich ihn rot. Dann aber erlahmte sein Interesse; er wusste selbst nicht genau, warum.

Zum Jugendkreis am Donnerstag nahm er seine neue Bibel nicht mit, obwohl er es eigentlich vorgehabt hatte. Auf den Gepäckständer seines Rades wollte er sie nicht schnallen; außerdem lagen im Gemeindehaus jederzeit Bibeln aus, und so häufig benutzte man sie im Jugendkreis nun auch wieder nicht.

Vier Monate später. Im Jugendkreis hatte Joachim die Leitung des Abends. Er hatte sich auf das Thema vorbereitet: »Gehört deine Bibel dir?« Wilfried hatte das Thema im Vierteljahresprogramm gelesen, aber sich wenig darunter vorstellen können. »Natürlich gehört meine Bibel mir«, hatte er gedacht; »schließlich habe ich sie ja geschenkt bekommen.«

Sie sollten eine Postkarte schreiben. An Jugendliche ihres Alters, die eine Bibel besäßen. Ob sie schon durch Lesen ihr Eigentum geworden sei, oder ob sie sie bloß gekauft hätten. Und in ein, zwei Sätzen erklären, was es für einen Menschen bedeuten kann, wenn die Bibel das Buch seines Lebens wird.

Als die vier Gruppen nach einer halben Stunde sich gegenseitig ihre Postkarten vorlasen, horchte Wilfried auf.

Man könne in ihr wohnen wie in einem Haus. Und ohne Bibel sei man sowieso obdachlos, hatten die einen geschrieben. Gruppe zwei hatte geschrieben, die Bibel sei Gottes dicker Liebesbrief an uns Menschen. Das hatte Wilfried schon mal gehört. – Die Gruppe, in der Wilfrieds Freund Ralf war, hatte eine Karte an einen indischen Teenager geschrieben: Viele Menschen öffnen die Bibel erst gar nicht. Irgendwie scheinen sie den Eindruck zu haben, sie sei wie ein Korb, aus dem einem eine Schlange entgegenzischt, wenn man den Deckel abhebt. – Abschließend hatten sie noch ziemlich lange darüber diskutiert, ob das ein passender Vergleich war.

Wilfried hatte den ganzen Abend den Eindruck, seine Bibel gehöre ihm noch nicht, trotz Tante Friederikes Freigebigkeit, trotz der persönlichen Extraausstattung, trotz seiner prinzipiellen Sympathie für dieses Buch. Er hatte den Eindruck, sein Start mit der Bibel sei ein Fehlstart gewesen. Und außerdem das Gefühl, er könnte furchtbar viel verpassen ...

Moses = Hitler?

Als sie den Babysitter anrief, wusste sie nicht, ob die Sache sich lohnen würde. Auf unabsehbare Zeit jeden dritten Dienstagabend weg?

Dass ihr Mann mitgehen würde, beruhigte sie ein wenig, obwohl auch er nicht genau wusste, warum sie sich eigentlich angemeldet hatten. Auch nach eingehendem Studium des Prospektes, nach einem längeren Telefonat und nach einigen Gesprächen am Esstisch war die Unsicherheit geblieben. Was sie erwarten würde, war immer noch unklar. Kein Wunder, dass sie nun mit sehr gemischten Gefühlen losfuhren.

Normalerweise blätterte sie die Werbung nur kurz durch. Der Rest war Sache des Mülleimers. Diesmal aber hatte die Zahl auf dem blauen Zettel sie stutzig gemacht: »Haben Sie dreihundertachtundzwanzigtausendfünfhundert Sekunden Zeit?«

Ohne den Prospekt umzudrehen und sich zu erkundigen, für was sie dreihundertachtundzwanzigtausendfünfhundert Sekunden Zeit haben sollte, hatte sie erst einmal die Sekunden in Minuten und die Minuten in Stunden umgerechnet. Das hatte, wenn sie richtig gerechnet hatte, einundneunzig Stunden und fünfzehn Minuten ergeben. Jetzt war sie doch neugierig geworden, für was sie soviel Zeit haben sollte.

Auf der Rückseite stand zu lesen:

»Länger braucht man nicht, um einmal die ganze Bibel durchzulesen. In ›Tagesportionen‹ aufgeteilt: ein Jahr lang fünfzehn Minuten pro Tag. Das ist weniger, als sie gedacht haben? Dann machen Sie doch mit bei dem ›Projekt Jahresbibel‹.«

Der Prospekt unterschied sich deutlich von denen, die sie sonst im Briefkasten vorzufinden pflegte. Kein einziges Foto, schon gar nicht eins der Hochglanzpapiere, mit denen die Werbestrategen sonst Eindruck zu machen suchen. »Das passt«, dachte sie und merkte einen Augenblick später, dass eine leise Bitterkeit in ihren Gedanken war: »Hochglanz« waren ihre Erfahrungen mit Bibel und Religion nicht. Eher matt und farblos. Sie konnte sich nicht einmal mehr an den Namen des Priesters erinnern, der ihr vor zwölf, dreizehn Jahren im Gymnasium Religionsunterricht erteilt hatte. Sie wusste nur noch, dass sie hinterher gedacht hatte: »Jetzt ist aber Schluss!« Weder der Priester noch seine Kirche hatte sie begeistern können; es hatte nicht einmal für ein bisschen Sympathie gereicht.

Sicher, das, was man gemeinhin »Lebensfragen« nennt, waren immer wieder einmal in ihr hochgestiegen; aber nie hatte es den Anschein gehabt, als sei aus dieser Richtung sinnvolle Antwort zu erhoffen.

Es war nur zu verständlich, dass sie nie einmal aus eigenem Interesse die Bibel in die Hand genommen hatte. Eine eigene hatte sie nie angeschafft. Wozu auch?

Trotzdem las sie weiter.

»Was wir vorhaben? Jeder, der mitmachen will, nimmt sich täglich eine Viertelstunde Zeit zur privaten Bibellektüre. Ab und zu treffen wir uns und tauschen unsere Erfahrungen aus. Sinnvoll wäre etwa ein- bis zweimal im Monat zur von Ihnen gewünschten Zeit.«

»Das ginge nur dienstags am Abend«, dachte sie und wunderte sich über diesen Gedanken, denn sie hatte ja kein Interesse an diesem Projekt.

Dass jeder mitmachen könne, wie es in der nächsten Zeile hieß, war ja klar. Wenn den Kirchen erst mal die Leute weglaufen, sind sie froh über jeden, der doch noch kommt.

Sie ertappte sich dabei, dass sie immer noch weiter las.

»Wenn Sie sagen:

›Ich gehe zwar zum Gottesdienst, aber da lernt man ja nur einen kleinen Teil der Bibel kennen‹ – dann gehen Sie doch mal aufs Ganze.«

»Trifft nicht zu«, sagte sie zu sich selbst. Sie wusste nicht, wann sie zum letzten Mal eine Kirche von innen gesehen hatte.

»Wenn Sie sagen: ›Was die Bibel angeht, bin ich jahrzehntelang auf dem Niveau des Konfirmandenunterrichts stehen geblieben‹ – dann decken Sie Ihren Nachholbedarf.«

»Konfirmandenunterricht«? Also musste das der Prospekt einer evangelischen Kirche sein. Aber woher sollte sie wissen, welches Niveau der hatte?

»Wenn Sie sagen: ›Ich habe da so meine Zweifel am christlichen Glauben, aber eigentlich weiß ich gar nicht so recht, woran ich eigentlich zweifle‹ – dann unterziehen Sie doch Ihren Zweifel einmal einem gründlichen Härtetest.«

Das stellte die Dinge auf den Kopf. Dass man den *Glauben* einem Härtetest unterziehen müsse, das war ihr klar; und dass die Kirche solche Kritik nötig hatte, leuchtete ebenso ein. Aber nun den Spieß herumdrehen und den eigenen *Zweifel* einem Härtetest unterziehen? Das liefe ja darauf hinaus, am Zweifel zu zweifeln!

Fast erschien ihr der Gedanke ein wenig frech und bedenkenswert.

»Wenn Sie sagen: ›Wenn es etwas taugt, muss es auch etwas kosten‹ – dann können wir Sie beruhigen: Es kostet auch etwas, nämlich zwölf Euro. Das sind pro Tag gut drei Cents. Soviel Geld brauchen Sie nämlich, um sich eine Jahresbibel zu kaufen.«

Bevor Sie den Abschnitt las, der erklärte, was eine Jahresbibel ist – eine ganz normale, vollständige Bibel mit einer neuartigen Aufteilung, nicht vom 1. Mosebuch im Alten Testament bis zur Johannesoffenbarung am Ende des Neuen Testaments, sondern eine in »Tagesportionen« aufgeteilte Bibel vom 1. Januar bis zum 31. Dezember mit täglichen Lesungen aus beiden Testamenten –, bevor sie diesen Abschnitt las, schaute sie erst einmal nach, wer ihr diesen Prospekt ins Haus geschickt hatte. Ein evangelisches Pfarramt in der zwanzig Kilometer entfernten Kreisstadt war als Absender angegeben.

Sie meldete sich an, zwei Tage später auch ihren Mann.

Warum?

»Problemdruck« war es jedenfalls nicht. Ihre Ehe war glücklich, und sie hatte ohnehin nie etwas von den Leuten gehalten, die wegen ihrer Probleme »zu Kreuze kriechen«.

Der erste Abend war da. Glücklicherweise hatten sie das evangelische Gemeindehaus nicht sofort gefunden, kamen gerade noch rechtzeitig und waren so der Peinlichkeit entgangen, mit gänzlich unbekannten Leuten unverbindliche Nettigkeiten austauschen zu müssen.

Etwa zwanzig Personen verschiedenen Alters saßen an kleinen Tischen. Schwer zu sagen, wie man mit ihnen auskommen würde. Einige sahen nett aus, andere weniger. Das war in kirchlichen Gemeindehäusern scheinbar nicht anders als in Restaurants, im Bus oder in der Fußgängerzone.

Die einführenden Worte des kirchlichen Mitarbeiters gingen schnell vorbei. Die bestellten Jahresbibeln wurden ausgehändigt, ein wenig geblättert. Ach, so sieht das von innen aus. Prompt fragte eine Dame, ob man denn unbedingt beim ersten Januar zu lesen beginnen müsse, es sei doch schon der dritte März. Der Mitarbeiter beruhigte sie: Das sei ja das Gute an dieser Art Bibel, dass man da beginnen könne, wo man gerade sei.

Etwas persönlicher – soll man sagen: heikler? – wurde es, als der Mann von der Kirche fragte, was das spezielle Interesse der einzelnen Teilnehmer sei. Einige sagten etwas halbwegs Einleuchtendes, andere etwas Frommes. Sie beide sagten zunächst gar nichts, denn ihr Interesse war ja kein spezielles, sondern eher ein allgemeines. Dann aber meldete sich ihr Mann zu Wort, und – soweit sie sich später erinnern konnte, sagte er ungefähr: Er habe mit Bibel und Glaube bisher keine guten Erfahrungen gemacht. Da sei nichts gewesen, was wirklich Bedeutung bekommen habe. Aber er wolle fair sein und der Kirche eine letzte Chance geben. Dass es diesmal die protestantische sei, sei zufällig, vielleicht so etwas wie Chancengleichheit. – Ihr gefiel, was er gesagt hatte. So ähnlich hätte sie es auch sagen können.

Auf dem Rückweg stellte sich heraus, dass sie beide wirkliches Interesse an dem Projekt bekommen hatten. Der Abend sei nicht übermäßig begeisternd gewesen, aber irgendwie ernsthaft und auch fair. Ja, fair sei es auch gewesen. Bis jetzt jedenfalls.

Sie waren das Lesen gewohnt, und die fünfzehn Minuten täglich waren nicht viel. Er las abends, sie tagsüber. Meist fanden sich auch ein paar Minuten zum Gedankenaustausch. Nach wenigen Tagen stellten sie erstaunt fest: Ihre »Themenpalette« hatte sich vergrößert. Sie redeten miteinander über Dinge, über die sie noch nie miteinander geredet hatten. Und sie hatten immer schon über vieles miteinander geredet. Dass ihre Gedanken in dieselbe Richtung gingen, konnten sie freilich nicht sagen. Es konnte vorkommen, dass sie an einem Tag völlig übereinstimmten, am nächsten gegensätzlicher Meinung waren und am dritten Tag keiner von beiden wusste, was er selber dachte, geschweige denn der Partner. »Manchmal habe ich den Eindruck, ich stehe am Rand einer weiten wunderschönen Wiese und manchmal denke ich, ich hänge in einem Gestrüpp fest«, notierte sie in ihr Tagebuch.

Klar war jedenfalls, dass sie weiter mitmachen wollten. Der erste Abend und die Lektüre in den folgenden drei Wochen hatten etwas erbracht, an dem sich ohne Zweifel weiterzudenken lohnte.

Sie nahmen in Kauf, dass einige der Teilnehmer Fragen stellten, die sie nicht verstanden, und andere ihnen Antworten gaben, die ihnen nicht einleuchteten. Das passiert überall, sagten sie sich.

Schwierig wurde es, als ihr Mann beim fünften Treffen einen Bibelabschnitt ansprach, in dem Gottes Volk aufgefordert wurde, andere Völker zu bekämpfen, und dies ausgerechnet im Namen Gottes. Wie man denn mit so etwas klarkommen wolle? Sofort reagierte ein älterer Herr unwirsch: Es sei recht, wie Mose gehandelt habe, und wenn man das anzweifle, warum lese man überhaupt in der Bibel? Andere beteiligten sich an der lauter werdenden Diskussion; schließlich sagte ihr Mann etwas, von dem sie nicht wusste, war es ihm nur so herausgerutscht oder wirklich seine Meinung: »Sie sagen, Gott hätte Mose dazu beauftragt. Wissen Sie, ihr Mose kommt mir eher wie Hitler vor.« – Einen Augenblick war Schweigen, eigentlich kein Schweigen, das ein Gespräch zerstört, eher wie eine kleine Denkpause. Aber danach war der ältere Herr nicht mehr der einzige, der ihren Mann angriff. Aus dem Gespräch wurde ein Schlagabtausch. Der Mann von der Kirche schaute etwas unglücklich drein, versuchte zu vermitteln, aber die vertrauensvolle Atmosphäre, die an den beiden letzten Abenden geherrscht hatte, wollte sich nicht wieder einstellen. Sie waren schließlich froh, als sie wieder zu Hause ankamen.

In den nächsten Tagen griffen sie nicht mehr zu ihrer Jahresbibel. Sie sprachen auch nicht mehr über den Dienstagabend. Und als nach drei Wochen der nächste Gesprächabend war, blieben sie zu Hause.

Das war nichts für sie.

Nein.

Unter einer Decke

Der Rektor hatte zugestimmt. Die Gideons durften kommen.

Susanne wusste nicht, wer die Gideons sind, und leider stellte sich schnell heraus, dass »Die Gideons« nicht der Name einer Band war. Aber jetzt stand ja auch Religion auf dem Stundenplan und nicht Musik. Ein älterer Herr kam in die Klasse, der Relilehrer überließ ihm das Pult und verkrümelte sich in die letzte Bank.

Der ältere Herr redete, wie ältere Herren zu reden pflegen und teilte schließlich aus, was er allen mitgebracht hatte. Jeder bekam ein grünes (»giftgrün«, registrierte Susanne) Neues Testament, und wenn sie den älteren Herrn recht verstanden hatte, hatte der wohl gemeint, dass sie in Zukunft alle darin lesen sollten und dass das ganz wichtig sei.

Was wichtig war und was nicht, wusste Susanne ziemlich genau. *Das* war nicht wichtig. Und dass sie jetzt wusste, dass die Gideons eine christliche Gruppe war, die die Bibel möglichst vielen Menschen zugänglich machen wollte, war ihrer Meinung nach auch nicht besonders bemerkenswert. Aber wie die anderen auch blätterte sie ein wenig in dem Neuen Testament herum, und weil sie im Reliunterricht schon oft die Bibel benutzt hatten, war das, was sie sah, keine Überraschung. Lediglich der Ölkrug auf dem Titelblatt und die beiden letzten Seiten fielen auf. Einige ausgewählte Bibelverse waren dort unter frommen Überschriften zusammengefasst: »Gott liebt dich. / Alle sind Sünder. / Gottes Hilfe für Sünder. / Alle können jetzt gerettet werden. / Mein Entschluss, Jesus Christus als meinen Erretter anzunehmen.«

Ach, ja, und dann stand vorne noch: »Das Buch ist unverkäuflich«. Es zeigte sich, dass viele Schüler es nicht nur für unverkäuflich, sondern für entbehrlich hielten. Das ärgerte den geplagten Hausmeister, denn der hatte am nächsten Tag nicht nur wie üblich viele Cola- und einige Bierdosen aus den Ecken des Schulhofs und den Papierkörben zu entsorgen, sondern viel bedrucktes, grün eingebundenes Papier.

Dass ihr Testament nicht auch im Papierkorb gelandet war, war eher ein Versehen, das Susanne erst bemerkte, als sie zu Hause ihr Englischbuch aus der Mappe nehmen wollte. Das giftgrüne Büchlein lag nun erst mal auf ihrem Tisch und tat das, was andere Bücher auch zu tun pflegen: Es räumte sich nicht von selber weg.

Erst als vier Tage später eine herannahende Mathematikarbeit Susanne zum Lernen zwang, brauchte sie freien Platz auf dem Tisch. Einen Augenblick lang überlegte sie, was sie mit dem Neuen Testament anfangen sollte, und es war nur ihrer Unentschlossenheit zu verdanken, dass es nicht im Papierkorb landete, sondern schließlich in ihrem Regal stand, da, wo die Vergangenheit stand, der sie entwachsen war: »Hanni und Nanni« und Kästners »Pünktchen und Anton«. Dort machte das Testament aber irgendwie einen unpassenden Eindruck. Lag es an der Größe, an der Farbe, am Inhalt?

Am Freitagabend nahm sie es zufällig wieder aus dem Regal und blätterte ein wenig darin. Sie suchte im Johannesevangelium nach der Geschichte vom »Barmherzigen Samariter«, eine der wenigen, die sie aus der Bibel kannte, aber der war dort nicht zu finden. Doch es gab anderes, und Susanne las mehrere Seiten. Sie hörte erst auf, als ihre Schwester ins Zimmer kam, kurz auf das Büchlein blickte und sagte: »Du willst doch wohl nicht fromm werden!«

Das wollte Susanne nicht, aber ein wenig weiter zu lesen hätte sie schon interessiert ...

Vierzehn Tage später wunderte sich der Religionslehrer etwas, als Susanne ihn in der Pause ansprach.

Nein, sie wollte nichts Bestimmtes fragen, nur ... Da seien neulich doch die Leute mit den grünen Testamenten gewesen.

Sie sei jetzt schon bei Johannes neun, aber nur heimlich, abends, wenn die Schwester schon schlafe. Das habe sie schon lange nicht mehr gemacht; mit der Taschenlampe unter der Bettdecke lesen, aber einfach so am helllichten Tag, wenn alle zusehen können, das sei doch ein bisschen komisch, fast ein wenig peinlich. Aber so sei das eben, wenn man sich mit sechzehn Jahren noch das Zimmer mit der zwei Jahre jüngeren Schwester teilen müsse.

Der Religionslehrer wusste zunächst nicht, was er sagen sollte. Vielleicht war es auch besser, dass er jetzt nicht viel sagte. Da hatte etwas begonnen, womit man sensibel umgehen musste, das merkte er. So lachte er nur und sagte: »Wenn du mal neue Batterien für die Taschenlampe brauchst, lass es mich wissen.«

»Ich komme darauf zurück«, sagte Susanne.

Ring-Buch

Ein Pfarrer war gestorben, und seine Frau hatte etwas Kluges getan. Sie hatte viele seiner Bücher unserem Studienzentrum geschenkt. Darunter eine Bibel, die gar nicht aussah wie eine Bibel.

Eigentlich waren es zwei Ringbücher, die aussahen wie zwei Ringbücher. Etwas breite Ringbücher ohne Aufschrift.

Erst wenn man sie aufschlug, sah man: Das war eine Lutherbibel von der Württembergischen Bibelanstalt in Stuttgart, 1964er Revision, als Loseblattsammlung. Ein Ordner Altes, ein Ordner Neues Testament. Praktisch in vielerlei Hinsicht: Man kann Einzelblätter herausnehmen, Notizblätter einfügen. Heute würde man wohl sagen: Eine »Multifunktionsbibel«.

Für unsere Bibliothek konnten wir sie nicht gebrauchen; aber ein pensionierter Standesbeamter zog glücklich mit ihr von dannen.

Obwohl ich sie nie wiedergesehen habe, begleitet mich diese Ringbuchbibel seit Jahren. Ich stelle mir oft vor: Wie ist das mit der Bibel, wenn ein Mensch zur Welt kommt? Dann hat er sozusagen zwei leere Ordner. Irgendwann hört der kleine Mensch eine erste Geschichte aus der Bibel. Jetzt hat seine Bibel ein einziges Blatt. Vielleicht bringt ihm jemand das Vaterunser bei. Jetzt gehört das Blatt mit Matthäus sechs zu seiner Bibel. Wenn es gut geht, wächst die Bibel nach und nach. Wie schnell? Bis zu welchem Umfang? Welche Blätter muss man ehrlicherweise wieder herausnehmen, weil der Inhalt wieder vergessen wurde? Die Bibel als Ringbuch wird zur Anfrage: Wie dick sind unsere Bibeln wirklich?

Das Ringbuch (auch wenn man nur in Gedanken eins besitzt) kann zum Ring-Buch werden, zum Ringen um Aneignung der ganzen Bibel.

Papier ist geduldig

Das Geld hatte gereicht, um die kleine Kirche wenigstens außen soweit zu renovieren, dass das Dach dicht und der Putz hell überstrichen war. Die Häuser der Nachbarschaft zeigten erste Anzeichen bescheidenen Wohlstands: Fenster mit Doppelverglasung, Gartenwege mit Verbundsteinen, und die Autos in den Garagen hießen alle nicht mehr Trabi.

Der Freund öffnet mit dem sicher vierhundertjährigen Schlüssel die Kirchentür, und dann stehen wir drinnen. Da ist des Verwunderns kein Ende. Ein eigenartiges Gemisch von Eindrücken!

Renovierungsbedürftig, wunderschön, unordentlich, geschichtsträchtig, vergammelt, leer, wegweisend.

Eigentlich ist alles da: Bänke, Altar, Taufstein, Empore; die Orgel funktioniert auch noch.

Aber der Taufstein ist seit Jahren unbenützt. Auf dem Altar kämpfen ein paar Plastikblumen um ihre Existenzberechtigung.

Neben und hinter dem Altar stehen Ölgemälde auf dem Boden. Sechzehntes, siebzehntes Jahrhundert. Portraits der Männer, die in dieser Gegend die Reformation eingeführt haben, auch Bilder der vier Evangelisten. Die Rahmen halten an der Unterseite kaum noch, weil Nässe vom Boden her über Jahre das Holz verdorben hat. Die Bilder selbst könnte ein geschickter Restaurator wohl noch retten.

Am tragenden Querbalken der Empore fallen die Inschriften auf. Von der Reformationszeit an stehen hier die Namen der Pfarrer, die in dieser Kirche Dienst getan haben. Man entdeckt Lücken. Waren es Kriegszeiten oder sonstige Vakanzen? Irgendwann bricht die Kette der Zeugen ab, noch vor dem Zweiten Weltkrieg. Ist da die Zukunft verlorengegangen?

Auf dem Altar liegt eine Bibel. Gedruckt in der Deutschen Demokratischen Republik in den sechziger Jahren. Das würdigt sie, obwohl sie materiell gesehen nicht besonders wertvoll ist. Keine Prachtausgabe – der Einband ist eher praktisch als kunstvoll; er fühlt sich kalt an. Die Drucktype ist leserlich, aber der Satzspiegel ungewohnt: sehr viele, fast zu viele Buchstaben auf einer Seite. Hoffentlich vergisst der Pfarrer nie seine Brille.

Diese Bibel hat all die Jahre ohne Probleme überstanden, auch die Zeit, als die Kirche so baufällig war, dass sie aus baupolizeilichen Gründen geschlossen werden musste. Da ist sie liegen geblieben. Papier ist geduldig, sagt man. Bibelpapier scheint besonders geduldig zu sein. Diese Altarbibel kann den Widerspruch aushalten zwischen der Leere derer, die draußen am Kirchlein täglich vorbeigehen und der Fülle, die in ihr wohnt. Und wenn dieses Buch dann doch Hörer und Leser bekommt, dann ist es frisch wie am ersten Tag. Dann sprudelt eine Quelle, die Durstige erfrischt und ihnen Leben gibt.

Eigenartig! Ich war noch keine Stunde aus dieser Kirche wieder heraus, da hatte ich Heimweh nach ihr. Es ist bis heute geblieben.

Ein Kirchlein zum Liebgewinnen. Eins, in dem ich gern einmal eine Woche wohnen würde. Ein paar stille Tage zum Nachdenken und Beten. Merken, wie das Dorf durch die Scheiben dieses Kirchleins aussieht. Versuchen, für die Leute dieses Dorfes ein Herz zu bekommen vom Herzpunkt dieses Kirchleins aus. Und schauen, welcher Gedanke von den zweien gewinnen würde. Der eine: »Hier könntest du Wurzeln schlagen.« Und der zweite: »Würdest du das aushalten?«.

Mehrfach war ich in Versuchung, den Pfarrer anzurufen und ihn zu bitten, mir die Altarbibel zu schenken oder zu verkaufen. Ich wusste auch schon, wo sie in meinem Arbeitszimmer ihren nicht zu übersehenden Platz fände. Als tägliche Erinnerungs- und Gebetsbrücke zu diesem pommerschen Dorf.

Nur alle drei Wochen und an Festtagen werde hier Gottesdienst gefeiert, sagte der Pfarrer beim Hinausgehen. Zwei oder drei Leute aus dem Dorf seien früher jeweils da gewesen. Inzwischen kämen schon etwa zehn. Und es seien auch Kinder dabei.

Groschenware

»Wenn's dem Esel zu wohl wird, geht er aufs Eis tanzen.« In meinem Fall geht er nicht aufs Eis tanzen, sondern zum Flohmarkt. Eigentlich mag ich Flohmärkte nicht, diese grandiose Zeitverschwendung, wo man einen halben Vormittag braucht, um Geld auszugeben für Sachen, die man nicht braucht. Aber einmal im Jahr war ich doch hingegangen, wohl weil er nur hundert Meter von unserem Haus entfernt stattfand. Aber möglichst im Eiltempo durch, gleich die nächsten zwei, drei Stände mit einem Blick erfassen, ob es wieder nur Gerümpel ist, aber scharf bremsen, wenn irgendwo ein paar Bücher zum Verkauf ausliegen. – Dann die Augen auf!

An diesem Tag traf es den Geldbeutel nicht besonders hart. Ich kam nach Hause und hatte nur zehn Cents ausgegeben, dafür aber eine Bibel erstanden. Genauer gesagt: eine dunkelgrün eingebundene Übertragung des Alten Testaments von Hans Bruns aus den sechziger Jahren. Nicht dass ich eine gebraucht hätte. Ich besaß längst eine vollständige Bruns-Bibel, aber dieses grüne Alte Testament hatte mir irgendwie leid getan zwischen den Romanen, GEO-Magazinen und Groschenheften.

Beim Durchblättern die Freude, die Bibel eines wirklichen Lesers erstanden zu haben: Bleistiftnotizen am Rand, Datumsangaben, Stichworte, kurze Sätze.

Plötzlich der Gedanke: Diese Bibel kennst du doch! Die Frau, der sie gehört hat, hast du doch vor ein paar Monaten beerdigt! Ein betender Mensch, mehr als achtzig Jahre alt. Sie hat dich doch, als du als Pfarrer hier anfingst, gleich kennen lernen wollen, »damit man weiß, wer einen beerdigen wird«. Und sie hat dir auf den Zahn gefühlt und wollte wissen, wer da nun sonntags auf der Kanzel steht, ob er der Gemeinde Steine gibt oder Brot. – War es mir nicht bei jedem Hausbesuch wohl gewesen, hatte sie mich nicht verstanden wie nur wenige im Ort?

Der Krieg hatte sie und ihren Gatten entwurzelt und aus der Heimat weit im Osten vertrieben. Nach und nach hatten sie sich eine neue Existenz geschaffen, schließlich eine kleine Firma aufgemacht. Zwei, die viel hatten einstecken müssen, die aber Gott davor bewahrt hatte, ihr Leben selbst »bewältigen« zu müssen, wie wir so harmlos, aber so grundfalsch sagen. Als ob man das Leben bewältigen könnte! Aber diese Frau war eine gewesen, die in ihrer Bibel den Gott gefunden hatte, der einen das Unbewältigte aushalten lässt, weil eben dieser Gott uns in eine Zukunft mitnehmen will, wo das Krumme geradegebogen wird und die Tränen abgewischt werden. So fanden sich in ihrer grünen Bibel auch einige Bleistifteintragungen zur biblischen Prophetie. Aber am meisten haben mich doch die Datumsangaben am Seitenrand beeindruckt. Hier hatte sie festgehalten, wann sie die jeweiligen Kapitel gelesen hatte. Sie hatte sie oft gelesen.

Nach ihrem Tod war die jahrelang hochgeachtete Bibel nur noch Groschenware für den monatlichen Flohmarkt. Aber es gibt eben noch Glückstage im Leben, da erstehst du für wenige zehn Cents ein Denkmal der Gnade Gottes!

Ich lese gern gebrauchte Bibeln. Da wird einem bewusst: Du stehst in einer langen Kette des Glauben, in einer Tradition, die reich macht und nicht abbrechen soll. Was hat dieses Buch schon bewirkt! Da macht mich das Alte gespannt auf die Zukunft.

Herzliche Teilnahme

Bei der Bestattung ihres Mannes hatten ihr viele »herzliche Anteilnahme« ausgesprochen. Was soll man auch anderes sagen, wenn man unsicher ist, den Tränen nahe und eben erst ins offene Grab geblickt hat? Wenn die Reihe derer, die den Angehörigen ihr Beileid bezeugen, lang ist und nur wenige Sekunden bleiben, um das auszudrücken, was sich auch in Minuten kaum sagen lässt?

Manche sagten gar nichts, als die Reihe an sie kam, obwohl sie sich auf dem Weg von der Friedhofskapelle zum Grab ein paar Worte überlegt hatten.

Einige wenige umarmten sie; das war fast noch schwerer zu ertragen als das Schweigen derer, die ihr still die Hand gaben und weitergingen.

Die meisten sagten, was man so sagt: »Herzliche Teilnahme!«

In den nächsten zwei, drei Wochen merkte sie: Es gab sie wirklich, die »herzliche Teilnahme«. Was auf dem Friedhof formelhaft, unbeholfen, verlegen geklungen hatte, war vielen ein ernstes Versprechen gewesen und nicht nur leere Floskel. Sicher, ab und zu passierte es, dass Worte, die man ihr sagte, hohl klangen und sie trauriger machten, als sie ohnehin schon war. Aber viel öfter spürte sie eine behutsame Herzlichkeit, die ihr wohl tat. So fiel ihr schließlich auch der erste Einkauf nach dem Tod ihres Mannes leichter, als sie erwartet hatte. Zuerst hatte sie sich fast nicht überwinden können, das Haus zu verlassen. Wer würde sie auf der Straße ansprechen? Würde sie wieder weinen müssen? Aber dann hatte sie unterwegs eine Bekannte getroffen; die war mit ihr gegangen, hatte wenig geredet, ihr aber ein Gefühl der Sicherheit gegeben. Herzliche Teilnahme.

Heute aber würde es schwer werden, und trotzdem wollte sie diesen weiteren Trennungsschritt allein gehen. Sie wollte nun seine Kleidung weggeben und die Bücher auch. Jetzt schon. Sie wollte nicht warten, bis die Kinder sie fragten, ob es nicht an der Zeit sei. Man kann sich in die Vergangenheit einsperren wie in einen Käfig, das hatte sie an einer Klassenkameradin gesehen. Das sollte ihr nicht passieren.

Als sie die Schranktür öffnete, wusste sie schon, was sie erwartete.

Oft hatte sie in den letzten Monaten die Wäsche eingeräumt. Die Arbeitskleidung war ganz nach hinten gewandert. Seit Monaten war klar gewesen, er würde sie nie mehr anziehen. Die meisten Hemden waren lange nicht getragen worden, statt dessen hatte sich die Zahl der Schlafanzüge nach und nach beträchtlich vermehrt, – wie es eben zu gehen pflegt, wenn der Lebensraum klein wird, zusammenschrumpft auf die Vierzimmerwohnung, dann auf das Schlafzimmer, schließlich auf zwei Quadratmeter, als er das Bett nicht mehr verlassen konnte. – Nein, sie würde nichts zurückbehalten. Es tat weh, in die Altkleidersäcke zu packen, was ihr vertraut gewesen war, aber nach gut einer Stunde war sie mit dem Kleiderschrank fertig.

»Nicht zu viel auf einmal«, sagte sie sich. Die Bücher konnten bis morgen warten.

Hatte sie gehofft, auch damit schnell fertig zu werden, so hatte sie sich getäuscht. Denn hier passierte es mehr als einmal, dass sie wieder aus dem Karton hervorholte, was sie eben erst eingepackt hatte: Reiseführer, einige Bildbände; es schien ihr, als müsse sie mit diesen Bildern auch die Bilder hergeben, die sie in ihrem Herzen trug.

Sie brauchte zwei Tage, um auch nur das Bücherregal im Wohnzimmer auszuräumen. Schließlich aber blieb nur noch das kleine Eckregal im Schlafzimmer. Meist hatte er vor dem Einschlafen noch ein wenig gelesen. Erst jetzt wurde ihr bewusst: Es gab einen Unterschied zwischen diesem kleinen Regal und dem großen Bücherbrett im Wohnzimmer. Dort die schönen Bücher, die anregenden, die er gerne gelesen hatte, aber von denen er sich ohne viel Bedenken wieder hätte trennen können. Die Bücher, die man behielt, weil man sie einmal gekauft hatte. Aber im kleinen Eckregal standen die fünfundzwanzig, dreißig Bücher, die er behalten hatte, weil er sie wirklich brauchte.

Sie nahm ein weinrotes Neues Testament in die Hand. Es war nicht seine Lieblingsbibel gewesen – die wollte sie auf jeden Fall behalten und hatte sie längst auf ihr Nachttischchen gelegt –, aber des Kleinformates wegen hatte er es gern zum Gottesdienst mitgenommen. Auf das Vorsatzblatt hat eine unbekannte Hand geschrieben »Zum gesegneten Gebrauch. 1933«. Das Jahr der Machtergreifung Hitlers. Damals war ihr Mann siebzehn Jahre alt gewesen, sie erst fünf. Keiner hatte vom andern gewusst; kennen gelernt hatten sie sich erst Jahre später.

Beim Durchblättern stieß sie auf ein paar Unterstreichungen. Er hatte mit Bleistift die Geschichte markiert, in der Jesus viertausend Menschen speiste. Im Lukasevangelium war das Gleichnis vom Pharisäer und vom Zöllner ähnlich eingerahmt. Hatte er darüber einmal im Seniorenkreis gesprochen? Sie wusste es nicht mehr. Auf Seite 341 hatte er zu einer Stelle im Römerbrief an den Rand geschrieben: »richtig übersetzt«, und zwischen den Seiten 342 und 343 fand sich eine kleine getrocknete Blume. Sie musste schon einige Jahre dort gelegen haben, denn als sie sie herausnahm, blieb ein hellbrauner Abdruck auf dem Papier zurück, der sich mit dem Finger nicht mehr wegreiben ließ. Dann wieder seitenlang nichts, bis sie im Epheserbrief auf den fünfzehnten Vers des vierten Kapitels stieß. Den hatte er mit Kugelschreiber rot unterstrichen. Beim Lesen schien es ihr, als käme in diesen Worten zum Ausdruck, was ihrer Ehe fast vierzig Jahre lang

Bestand gegeben hatte: dass wir »durch die Liebe wahrhaftig seien und so in allem in ihn hineinwachsen, der das Haupt ist, Christus«. Sie suchte nun nach anderen rot unterstrichenen Stellen, fand aber nur drei weitere. Die letzte Hervorhebung war ihr nach dem Wortlaut der Lutherbibel schon seit dem Konfirmandenunterricht bekannt. In dieser Übersetzung Adolf Schlatters klang sie etwas anders: »Euer ganzes Anliegen werft auf ihn, denn er kümmert sich um euch« (Erster Petrusbrief, Kapitel fünf, siebter Vers). So war es wirklich gewesen: »Er kümmert sich um euch.« Kummer hatte es genug gegeben, aber sie hatten ihn immer wieder zu dem gebracht, der sich um sie kümmerte. War es da ein Wunder, dass sie beide immer wieder Kraft gefunden hatten, sich ihrerseits um andere zu kümmern? Sie hatten in ihrem Haus nie einen extra »Tag der offenen Tür« veranstalten müssen. Wenn es klingelte, wurde aufgemacht, und im Lauf der Jahre hatten viele geklingelt.

Verschenken oder behalten? Sie legte das Testament vorerst zur Seite, unschlüssig, was sie damit tun wollte und wandte sich einer zehnbändigen Kommentarreihe zum Neuen Testament zu, die direkt neben dem Testament gestanden hatte. Nie war ihr aufgefallen, dass sie vom selben Verfasser stammte, der auch das rote Testament übersetzt hatte, jetzt sah sie es, und nun fiel ihr die Entscheidung leicht: Sie würde das Testament behalten, aber die Erläuterungsbände verschenken.

Wer konnte die wohl brauchen?

Der Pfarrer hatte sicher schon genug Derartiges. Nach einigem Überlegen kam ihr Friedhelm Ring in den Sinn, ein Mann Mitte dreißig. Zuweilen hatten sie nach dem Gottesdienst eine Weile beieinander gestanden und sich unterhalten. Am späten Nachmittag rief sie ihn an; eine halbe Stunde später stand er neben ihr am Tisch. Er freute sich über die Bücher, kannte sie zwar noch nicht, hatte aber schon Gutes über den Verfasser gehört. Ein Karton war schnell zur Hand; die Bücher wurden verpackt. Herr Ring versprach sogar, alle zehn Bände nach und nach durcharbeiten zu wollen, was Helene Weilscher auf das Konto »jugendlicher Überschwang« buchte. Friedhelm Ring bedankte sich und ging.

Ein paar Wochen später klingelte er wieder an der Tür. Ob er ein paar Minuten hineinkomme dürfe? Es sei ihm eigenartig gegangen mit dem Testament. Erst habe er nur ein paar bekannte Stellen nachgeschlagen, um sie mit seiner gewohnten Bibelübersetzung zu vergleichen. Dann aber habe er sich regelrecht festgelesen. Zum ersten Mal überhaupt gehöre ihm eine Bibel, die vorher jahrelang von einem anderen Christen benutzt worden sei. Und das Weiterlesen da, wo lange zuvor ein anderer begonnen habe, sei etwas überraschend Schönes, eine Art Tradition, so müsse man es wohl sagen. Aber eben kein alter Zopf, nicht »Schnee von gestern«, sondern Tradition, die eine Art Weitergabe von Leben ist. Er hatte das Testament mitgebracht und schlug die Stelle aus dem ersten Petrusbrief auf, die Herr Weilscher rot unterstrichen hatte: »Euer ganzes Anliegen werft auf ihn, denn er kümmert sich um euch«. Da sei es auf den Punkt gebracht. Einer gibt dem andern das Buch in die Hand, in dem uns der anredet, der sich um uns kümmert. Und die, um die er sich kümmert, finden zueinander.

Von den zehn anderen Büchern werde er die ersten beiden auf jeden Fall mit in den Urlaub nehmen.

Bibelkritik

Sie waren wirklich sehr unterschiedlich, die drei Bibeln.

In schwarzes Leder gebunden die eine, ein Buch nicht nur fürs Auge, sondern auch für die Nase. Eine Bibel, die nicht nur Gutes enthält, sondern die auch gut riecht, fand die Besitzerin. Besonders aber freute sie sich über den Goldschnitt. Manchmal ließ sie geradezu zärtlich ihre Finger darüber gleiten. Undenkbar, sich jemals wieder von diesem guten Stück zu trennen.

»Scheußlich«, dachte der Siebzehnjährige, als er die schwarze Lederbibel sah. Das sieht ja aus wie alle Tage Beerdigung. Da heißt es immer, das Evangelium, die gute Nachricht, die frohe Botschaft stecke drin, aber die Deckel sind zum Depressivwerden.

Ganz anders die andere. »Keine Ehrfurcht vor dem Heiligen!«, dachte die Siebzigjährige.

»Wie pietätlos! So was wäre uns nicht in den Sinn gekommen, als wir jung waren.« Fast hätte sie es sogar laut gedacht, denn das war nun doch wirklich zuviel! Da hatte einer dieser jungen Schnösel seine Bibel mit dem Stoff eingebunden, der übriggeblieben war, als er seine alten Blue jeans in Kniehöhe abgeschnitten hatte. Was monatelang durch die Straßen gelaufen war, an vielen Orten – die Dame mochte sich einzelne dieser Orte lieber nicht vorstellen –, an vielen Orten sitzen geblieben war, mehr oder weniger häufig die Waschmaschine von innen gesehen hatte, das sollte nun zum Einband für Gottes Wort dienen! Welch eine Ehrfurchtslosigkeit! Eine Provokation für jeden ernsthaften Christen. Wie soll man sich auf den Gottesdienst konzentrieren, wenn zwei Bänke weiter vorne diese Jeansbibel in geheuchelter Eintracht neben dem Gesangbuch liegt! – Man müsste die Prügelstrafe wieder einführen, dachte die Dame. Nicht für Bibeln, aber für manche ihrer Besitzer.

Ja, und schließlich die dritte Bibel. Da wusste man gar nicht, was man von ihr halten sollte. Sie sah aus, als sei sie oft gelesen worden. Im Prinzip eine Bibel, die wirklich aussah wie eine Bibel, aber irgendetwas irritierte einen.

Dieses Etwas war von grünlicher Grundfarbe, einige Braun- und Ockertöne zeigten guten Willen, einigermaßen zu dieser Art Grün zu passen. Es war aber nicht nur die Farbe, sondern vor allem waren es die Ornamente, die einen stutzig machten. Dreiecke, Vierecke, Gewinkeltes und Gebogenes, ein paar Punkte. Muster von der Art, die einem normalerweise nicht besonders auffallen, weil sie einem nicht besonders auffallen sollen. Billige Gebrauchsgraphik, eher Küchendesign als Künstlerdesign. In diesem Moment kam die Erleuchtung. Das war's!

Küchendesign! Auslegepapier für Omas Küchenschrank. Für ein paar Cents zu haben, und danach sah es auch aus. Alltäglichstes für den Alltagsgebrauch. Kein Wunder, dass man stutzig wurde, wenn man so was als billige Einbindfolie um eine würdig-solide Bibel erblickte.

Ja, sie waren wirklich unterschiedlich, die drei. Die duftende schwarze Lederausgabe mit Goldschnitt, die Bibel in kurzen Hosen und die »Küchenschrankauslegepapierbibel«.

Bibelkritik: Einer kritisiert die Bibel des andern. Einer verdächtigt den andern. Mitten in der christlichen Gemeinde.

Schade, dass ihre drei Besitzer nicht miteinander geredet haben. Das hätte aufschlussreich werden können.

Goldschnitt: Hinweis auf Heiliges. Hier redet Gott zu den Menschen.

Leder: kein Buch wie alle anderen.

Jeansbibel: Das Buch, das auch uns Jungen etwas zu sagen hat. Das gar nicht verstaubt ist. Das mitgeht in Schule und Schwimmbad, weil es das Buch des Herrn ist, dem jeder Ort und jeder Tag gehört.

Küchendesign: Das Buch, wo der Alltag mit seinen Mühen und die Welt Gottes zusammenkommen. Wo nicht der Widerspruch zwischen Sonntag und Werktag sein soll, sondern Gottes Herrlichkeit bis in die Küche hineinkommt.

Mängelexemplar

Vierunddreißig mal dreiundzwanzig Zentimeter groß, neun Zentimeter dick. Keiner der beiden Messingverschlüsse funktioniert noch. Auf dem vorderen Deckel fehlen auch die unteren Messingbeschläge. Das braune Leder muss aber einmal edel gewesen sein. Stilvolle Prägemuster sind jetzt noch an einigen Stellen gut erkennbar.

»Basel 1716« steht auf dem Titelblatt. Schlägt man auf, findet man in die Lutherübersetzung Bilder eingestreut; man glaubt gar, eine Kostbarkeit vor sich zu haben. In der Tat. Irgendwo zwischen den Seiten ein Versicherungszettel aus den 1920er Jahren. Die Bibel muss damals zu einer Ausstellung verreist und hoch versichert worden sein. Respekt! So etwas sieht man selten, wenn man kein reichbetuchter bibliophiler Sammler oder gar Kunsthändler ist. Und die paar Holzwürmer, deren Spuren sich auf der Innenseite der Deckel finden, haben ihr Leben sicher schon vor Jahrzehnten lassen müssen.

Vorsichtig blättern! Ja nichts kaputtmachen! Bloß keine Seite einreißen!

Amos, Maleachi, Apokryphen, Johannes, Galaterbrief ... Alles in Ordnung. Bei den Johannesbriefen ist der untere Rand beschädigt, aber man kann noch alles lesen. Bei Jakobus drei hört es dann plötzlich auf. Jakobus vier und fünf, der Judasbrief und die Johannesoffenbarung fehlen. Keiner weiß, wann sie abhanden gekommen sind. Die Fäden der Fadenheftung sind an dieser Stelle nun gut erkennbar. Man bekommt vom aufgeschlagenen Buch sogar Durchblick bis zum ledernen Buchrücken, kann ihn von innen sehen.

Was ist das für ein Buch? Eine Kostbarkeit und doch ein Mängelexemplar.

Ich frage mich, ob diese ungewöhnliche Bibel nicht in Wirklichkeit eine typische ist.

Sicher, unsere Bibeln sind meist komplett. Da fehlt von 1. Mose bis Offenbarung kein einziger Buchstabe, auch nicht ein einzelnes beschriebenes Blatt. Aber das gilt ja zunächst nur für die gekaufte Bibel, nicht auch für die angeeignete Bibel.

Wie dick ist unsere persönliche Bibel wirklich? Fehlt da bei den meisten nicht viel mehr als nur ein paar Seiten?

Detektivarbeit

Auf dem Schild neben der Tür stehen normale Ladenöffnungszeiten, aber die Tür ist verschlossen. Du musst klingeln. Drinnen angekommen, erwarten dich so viele Bücher, dass du kaum die Abteilungen unterscheiden kannst. Alles ist so vollgestopft, dass wohl nicht einmal Platz für das eine oder andere Hinweisschild gewesen ist. Der Besitzer scheint zu den Antiquaren zu gehören, die am liebsten keines ihrer Bücher verkaufen würden. Die Nähe der Universität scheint aber doch dafür zu sorgen, dass sich von diesem Laden einigermaßen leben lässt.

Im ersten Stock, vorbei an den zwei fast schwarzbraunen großen Regalen im Flur und rechts durch die Tür, findest du auf halbem Weg zwischen der Tür und dem linken Fenster ein Regal, in dem ein ziemliches Durcheinander herrscht, ganz im Gegensatz zu den anderen. Kirchengeschichte, Bibelauslegung, praktische Theologie, Spiritualität, alles durcheinander, aber alles ziemlich billig. Die Ramschecke sozusagen.

Ganz unten ein Pappkarton. Du weißt nicht recht, soll das ein Mülleimer sein, oder soll doch noch verkauft werden, was hier durcheinander liegt?

Auch unter solchen Umständen gibt es das: Liebe auf den ersten Blick. Schon hast du das Buch in der Hand. Du vermutest, es ist früher einmal dunkelgrau oder schwarz gewesen; auch sind Reste eines Streifenmusters erkennbar. Der Buchblock bekundet Interesse, sich in Kürze vom Einband zu trennen. Du hast Gründe genug, das Buch in den Karton zurückzuwerfen, aber du weißt jetzt schon: Du wirst es kaufen, auf jeden Fall.

Dabei hast du schon ein hebräisches Psalmbuch, ein neues, das noch viele Jahre halten wird und in dem der gelehrte Apparat mit dem Verzeichnis der Handschriftenunterschiede auf dem gegenwärtigen Stand ist, was man von dem Psalter, den du gerade in der Hand hältst, wirklich nicht sagen kann.

Als Erscheinungsort ist Leipzig angegeben. Eine Jahreszahl darunter suchst du vergeblich. Du tippst auf die 1920er Jahre. Durchschossene Exemplare, also Bibeln, bei denen nach jeder Textseite eine leere Seite kommt, auf der man Notizen machen kann, hast du schon öfter gesehen – und dich geärgert, dass mangels Interesse heute kein Verlag mehr so etwas anbietet –, aber so mit Notizen versehen war nicht einmal das griechische Neue Testament, das du einmal im Studierzimmer eines älteren Pfarrers zu Gesicht bekommen hast. Was für den Antiquar den Verkaufswert senkt, macht dir das Buch kostbar, du zahlst lächerliche ein Euro fünfzig, und der hebräische Psalter gehört dir.

Steno müsste man können. Aber der Detektiv in dir gibt nicht so schnell auf. Auch wenn du die Kurzschriftzeichen nicht lesen kannst, du siehst jedenfalls: Hier gibt es Notizen mit schwarzer Tinte geschrieben, ein paar wenige mit Rotstift, die meisten Anmerkungen sind mit Bleistift eingetragen, und das leichte Lila könnte von einem dieser runden Stenostifte herrühren. Aber stammt alles von derselben Hand? Nein, es müssen mindestens zwei gewesen sein, die hier am Werk waren. Die Schrift in Schwarz unterscheidet sich von den anderen. Meist sind es hebräische Vokabeln und ihre Bedeutung, nichts sehr Spezielles; ja, es handelt sich ausnahmslos um Wörter, die zum Grundwortschatz gehören, den man sich vor der Hebräischprüfung aneignen muss. Du zählst nach: Bei einundzwanzig Psalmen gibt es solche Notizen. Vor dir liegt also das Dokument eines ersten Hineinfindens in eine fremde Sprache. Dazu passt, dass auf einer der Anfangsseiten die Bemerkung »stud. theol.« steht, »Student der Theologie«. Auch finden sich ein paar Bemerkungen, die auf das Mitschreiben von Erläuterungen durch einen Lehrer hindeuten könnten. Alles andere ist von anderer Farbe und von anderer Hand. – Hat da einer kurz vor oder nach der Hebräischprüfung aufgegeben, vielleicht gar das Studium aufgegeben und seine Fachbücher zum Antiquar getragen? Man müsste wissen, wie es ihm jetzt geht, mehr als sieben Jahrzehnte später, ob er noch lebt, was sich seither ereignet hat ...

Allzu lange scheint das Buch nicht ohne Besitzer gewesen zu sein. Hat ein Student es an einen anderen weitergegeben? Einige Bleistiftnotizen zeugen wieder von philologischer Anfängermühe, aber der neue Besitzer ist weiter gekommen als der alte, auch zu den weniger bekannten Psalmen. Es ist aussichtslos, die

Notizen in Arbeitsstunden umrechnen zu wollen, aber es müssen sehr viele gewesen sein. Da hat einer nach der Hebräischprüfung weitergemacht, und nun sieht das Buch eben aus wie ..., ja, wie eigentlich? Wie das Durcheinander eines lange nicht aufgeräumten Kinderzimmers? Wie ein Dschungel, in dem ohne gärtnerische Pflege alles durcheinander gewachsen ist? Jedenfalls scheint der Besitzer kein großer Systematiker gewesen zu sein, zu uneinheitlich sind die Notizen. Aber gerade so zeigen sie: hier ist einer immer wieder zu den Psalmen zurückgekehrt, hat sich viele der kaum bekannten erarbeitet. – Auch die Rotstiftmarkierungen stammen von derselben Hand. Hiermit hat der Leser einzelne Psalmen durch römische Ziffern gegliedert, andere zu Gruppen verbunden. Dass er einzelne Worte rot unterstrichen, unter andere eine Wellenlinie eingetragen hat, siehst du auch bald, aber du kannst darin kein System erkennen. Was vom Kopierstift stammt, ist von gleicher Art wie die Bleistiftnotizen. Hier und da findet sich auch ein Literaturhinweis oder Bemerkungen, die die Jesusworte im Neuen Testament neben die Psalmworte halten. Im Einzelnen ist es wohl hoffnungslos, die Notizen in eine zeitliche

Reihenfolge zu bringen. Du musst ja auch nicht alles wissen. Klar ist auf jeden Fall: Du wirst diesen hebräischen Psalter nicht weiterbenutzen. Auch wenn du einen sehr spitzen Bleistift nimmst, es hat wenig Sinn, weitere Notizen in die kleinen Lücken zu quetschen. Aber du wirst das Buch behalten, es vielleicht sogar lieben mit seinen Arbeits- und Kampfspuren, die im Lauf vieler Stunden zu einem Kompliment an den Psalter geworden sind. Hier hat einer gemerkt, dass die Bibel kein leichter Besitz, aber jede Mühe wert ist. Was da nun schwarz, dunkelgrau, lila und rot steht, bezeugt die Zuwendung zu einem wirklichen Gegenüber.

Im Kirchengeschichtsunterricht hast du gelernt, dass Martin Luther über den Psalter geschrieben hat, hier sehe man »allen Heiligen ins Herz«. Du selber hast nur ein wenig Detektiv gespielt in einem alten, im Lauf der Zeit schäbig gewordenen Buch. Aber dir scheint, du habest auch einem Heiligen ins Herz gesehen.

Nachwort

Muss es nicht umgekehrt heißen, fragte er, nachdem er den Untertitel *Von Bibeln und ihren Menschen* des noch gar nicht fertig geschriebenen Büchleins hörte? Muss es nicht heißen *Von Menschen und ihren Bibeln*?

Sicher, es könnte auch umgekehrt heißen. Denn ganz offensichtlich ist hier von Menschen und ihren Bibeln die Rede. Aber es bleibt dabei; der Untertitel heißt: *Von Bibeln und ihren Menschen.*

Das ist nämlich die entscheidende Frage: Wer hat hier wen? …

In der gleichen Reihe ist erschienen:

Heinzpeter Hempelmann
Gott erleben in der Gemeinde –
Kernsätze zum Wesen evangelischer Spiritualität nach 1. Korinther 12

Was der Autor Heinzpeter Hempelmann in prägnant formulierten Sätzen zu Papier gebracht hat, weckt innerste Herzensbegeisterung. Und zwar in dreierlei Hinsicht: Der Verfasser macht deutlich, dass (1) evangelische Spiritualität als Gemeinschaft mit Gott wie als Fundament der Lebensgemeinschaft unter Christen allein durch Christus begründet ist, dass (2) das Zeugnis der ganzen Schrift die Wirkungen des Heiligen Geistes nicht losgelöst, sondern innerhalb der Trinität darstellt, und dass (3) in der Vertiefung der (Gottes-)Christus-Beziehung Herzensbegeisterung wächst und persönliches Leben erst reicher wird.